Vorwort

Macarons, die kleinen bunten Kekse aus Frankreich, sind seit einiger Zeit auch in Deutschland sehr beliebt. Sie entzücken nicht nur durch ihre Geschmacksvielfalt, ihre knusprige Schale und ihren weichen Kern, sondern auch durch ihr hübsches Aussehen. Wer sie einmal probiert hat, verfällt ihrem französischen Charme und wird schnell süchtig danach.

Macarons lassen sich in allen möglichen Farben herstellen und sind so schon ein Blickfang. Hübsch verziert und in besonderen Formen lassen sich aus Macarons aber ganz einfach richtige Kunstwerke herstellen, mit denen Sie Ihre Lieben immer wieder beeindrucken und ihnen eine Freude machen können.

In diesem Buch habe ich einige Ideen für Sie zusammengestellt, wie Sie aus Macarons ein ganz besonderes Kunstwerk machen können. Ich wünsche Ihnen viel Spaß beim Nachbacken und Ausprobieren!

Zitronen-Macarons

SÜßE ÜBERRASCHUNG

ZUTATEN

MACARONS
Macarons-Grundteig
Lebensmittelfarbe in Gelb

FÜLLUNG
1 Portion Buttercreme
abgeriebene Schale einer
Bio-Zitrone
1 Msp Thymian

ZUSÄTZLICH
Zahnstocher

1 Den Teig für die Macarons wie auf der Umschlagklappe beschrieben zubereiten und mit gelber Lebensmittelfarbe einfärben.

2 Runde Macarons auf ein mit Backpapier belegtes Backblech spritzen. Mit einem Zahnstocher an zwei gegenüberliegenden Seiten der Kreise den Teig ein wenig nach außen ziehen, sodass die Form einer Zitrone entsteht. Die Macarons wie im Grundrezept beschrieben backen.

3 Für die Füllung eine Buttercreme wie auf der Umschlagklappe beschrieben herstellen. Zitronenschale und Thymian mit der Buttercreme verrühren und die Macarons damit füllen. Wer lieber eine normale Zitronencreme haben möchte, lässt den Thymian einfach weg.

Ostereier-Macarons

KUNTERBUNTE EIERSUCHE

ZUTATEN

MACARONS
Macarons-Grundteig
Lebensmittelfarbe nach Wahl

DEKORATION
essbarer Glitzer in Silber
Zuckerkleber

FÜLLUNG
weiße Schokoladencreme
1 TL Instantkaffeepulver

ZUSÄTZLICH
Pinsel

VORLAGE SEITE 47

1 Den Teig für die Macarons wie auf der Umschlagklappe beschrieben zubereiten und mit der gewünschten Lebensmittelfarbe einfärben. Mithilfe der Vorlage Ovale auf das Backpapier zeichnen und so die Macarons spritzen. Die Macarons wie im Grundrezept beschrieben backen.

2 Mit einem dünnen Pinsel und Zuckerkleber zunächst Punkte, Zickzackmuster oder Streifen auf die Hälfte der Eier malen und essbaren Glitzer auf den noch feuchten Kleber streuen. Sobald der Kleber getrocknet ist, kann der überschüssige Glitzer mit einem Pinsel ganz leicht entfernt werden.

3 Die Sahne für die weiße Schokoladencreme erhitzen und 1 TL Instantkaffeepulver darin auflösen. Die heiße Kaffeesahne über die weiße Schokolade gießen und so eine Creme zum Befüllen der Macarons herstellen.

4 Die Macarons mit der Creme füllen und zusammensetzen.

Wolken-Macarons

Luftig-leichte Leckerbissen

Zutaten

Macarons

Macarons-Grundteig

Füllung

Buttercreme

Mark einer Vanilleschote

Vorlage Seite 46

1 Den Teig für die Macarons wie auf der Umschlagklappe beschrieben zubereiten. Für dieses Motiv muss der Teig nicht eingefärbt werden.

2 Mithilfe der Vorlage Wolken auf das Backpapier zeichnen. Die Wolken bekommen eine besonders natürliche Form, wenn man einfach fünf Kreise auf die Vorlage spritzt. Die untere Reihe besteht dabei aus drei Kreisen und die obere aus zwei. Die Macarons wie im Grundrezept beschrieben backen.

3 Die Buttercreme wie auf der Umschlagklappe beschrieben zubereiten. Das Mark einer Vanilleschote mit der Creme verrühren und die Macarons damit füllen.

Smileys

LACHENDE GESICHTER

ZUTATEN

MACARONS
Macarons-Grundteig
Lebensmittelfarbe in Gelb

DEKORATION
Lebensmittelfarbe in
Schwarz zum Bemalen
rote Herzstreusel
Zuckerkleber

FÜLLUNG
weiße Schokoladencreme

ZUSÄTZLICH
Pinsel

1 Den Teig für die Macarons wie auf der Umschlag-klappe beschrieben zubereiten und mit der gelben Lebensmittelfarbe einfärben.

2 Mit einem dünnen Pinsel und schwarzer Farbe die Gesichtszüge der Smileys auf eine Hälfte der Maca-rons aufmalen. Die roten herzförmigen Streusel kön-nen dabei als Augen benutzt werden. Diese am besten mit dem Zuckerkleber aufbringen.

3 Die Macarons mit weißer Schokoladencreme füllen und zusammensetzen.

Macarons mit Zuckerperlen

ELEGANTER GENUSS

ZUTATEN

MACARONS

Macarons-Grundteig

Lebensmittelfarbe nach Wahl

DEKORATION

Zuckerstreusel und Zuckerperlen in verschiedenen Farben und Größen

FÜLLUNG

Buttercreme

1–2 TL Chai-Latte-Getränkepulver

1 Den Teig für die Macarons wie auf der Umschlagklappe beschrieben zubereiten und mit der gewünschten Lebensmittelfarbe einfärben. Die Macarons wie im Grundrezept beschrieben fertig backen.

2 Die Buttercreme wie auf der Umschlagklappe beschrieben herstellen und mit Chai-Latte-Getränkepulver verrühren. Die Macarons damit füllen und zusammensetzen.

3 Den Rand der Macarons in eine kleine Schale mit Zuckerstreuseln tauchen, sodass die kleinen Streusel an der Creme kleben bleiben. Werden große Zuckerperlen zum Dekorieren verwendet, können diese einzeln von außen in die Creme der Macarons gedrückt werden.

Bienen-Macarons

Honigsammler zum Vernaschen

ZUTATEN

MACARONS
Macarons-Grundteig
Lebensmittelfarbe in Gelb

DEKORATION
40 g Fondant
Lebensmittelfarbe in Schwarz
zum Bemalen

Zuckerkleber
Herzausstecher

FÜLLUNG
Buttercreme
1 EL Honig

ZUSÄTZLICH
Pinsel

1 Den Teig für die Macarons wie auf der Umschlagklappe beschrieben zubereiten und mit gelber Lebensmittelfarbe einfärben. Die Macarons wie im Grundrezept beschrieben backen.

2 Auf die Hälfte der fertigen Macarons mithilfe eines Pinsels und schwarzer Lebensmittelfarbe Streifen malen.

3 Den Fondant dünn ausrollen und mithilfe eines Ausstechers zwanzig Herzen ausstechen. Diese in der Mitte durchschneiden, sodass aus jedem Herz zwei Flügel entstehen.

4 Den restlichen Fondant verkneten und vierzig ca. 2 mm große Kugeln formen. Diese platt drücken, sodass kleine Augen entstehen. Die Augen mit etwas Zuckerkleber auf den Macarons befestigen und mit schwarzer Farbe und einem feinen Pinsel kleine Pupillen und einen Mund aufzeichnen.

5 Die Buttercreme wie auf der Umschlagklappe beschrieben herstellen und mit Honig verrühren. Auf die nicht dekorierten Macaronschalen etwas von dieser Honigcreme geben. Jeweils zwei Flügel seitlich auf die Füllung legen und mit einer dekorierten Macaronschale bedecken.

Erdbeer-Macarons

Zuckersüße Früchtchen

Zutaten

Macarons
Macarons-Grundteig
Lebensmittelfarbe in Rot

Dekoration
30 g Fondant
Lebensmittelfarbe in Grün
gelbe Zuckerstreusel
Zuckerkleber

Füllung
Buttercreme
1 EL Erdbeermarmelade

Zusätzlich
Lochtülle

Vorlage Seite 47

1 Den Teig für die Macarons zubereiten und mit roter Lebensmittelfarbe einfärben. Mithilfe der Vorlage Ovale auf das Backpapier zeichnen und so die Macarons spritzen.

2 Nach der Hälfte der Trockenzeit gelbe Zuckerstreusel auf die Hälfte der Macarons geben und anschließend wie im Grundrezept beschrieben backen.

3 Den Fondant grün einfärben und dünn ausrollen. Mit einem kleinen runden Ausstecher (z. B. der Spitze einer Spritztülle) sechzig etwa 5 mm große Kreise ausstechen. Von jedem dieser Kreise mithilfe desselben Ausstechers einen kleinen Teil abstechen, sodass ein Blatt entsteht.

4 Auf die Macarons, die vor dem Backen mit gelben Zuckerstreusel bestreut wurden, jeweils drei Blätter kleben. Dabei das mittlere Blatt über die zwei übrigen Blätter kleben.

5 Die Buttercreme mit Erdbeermarmelade verrühren und die Macarons damit füllen.

Eis-Macarons

NICHT NUR ZUM SCHLECKEN

ZUTATEN

MACARONS
Macarons-Grundteig
½ TL Kakaopulver
Lebensmittelfarbe in Rot

DEKORATION
bunte Zuckerstreusel

FÜLLUNG
Buttercreme
Mark einer Vanilleschote

VORLAGE SEITE 47

1 Eiweiß steif schlagen und den Zucker einrieseln lassen. Den Eischnee in zwei Portionen zu jeweils ungefähr 20 g teilen. Eine Hälfte mit roter Lebensmittelfarbe einfärben und die Hälfte der Mandel-Puderzucker-Mischung (etwa 52 g) vorsichtig unterheben. Den Teig in einen Spritzbeutel mit kleiner Lochtülle füllen. Die andere Hälfte des Eiweiß nun noch einmal aufschlagen und ½ TL Kakaopulver zur Mandel-Puderzucker-Mischung geben, bevor diese vorsichtig unter den Eischnee gehoben wird. Diesen Teig in einen weiteren Spritzbeutel mit einer kleinen Lochtülle füllen.

2 Mithilfe der Vorlage Eiswaffeln auf das Backpapier zeichnen. Zunächst das Dreieck, das später die Waffel bildet, mit dem braunen Teig aufspritzen, dann die Eiskugeln mit dem roten Teig aufspritzen. Nach der Hälfte der Trockenzeit bunte Zuckerstreusel auf die roten Eiskugeln streuen und die Macarons anschließend backen.

3 Die Buttercreme wie auf der Umschlagklappe beschrieben zubereiten. Das Mark einer Vanilleschote mit der Creme verrühren und die Macarons damit füllen.

Flamingos

AUF LANGEN BEINEN

Zutaten

Macarons
Macarons-Grundteig
Lebensmittelfarbe in Rosa

Dekoration
100 g Fondant
Lebensmittelfarbe in Pink
1 TL klaren Alkohol
(z. B. Wodka)
Lebensmittelfarbe in
Schwarz und Weiß zum
Bemalen

Füllung
weiße Schokoladencreme
1 TL Rosenwasser

Zusätzlich
Pinsel

1 Den Teig für die Macarons zubereiten und mit der rosa Lebensmittelfarbe einfärben. Die Macarons wie in der Grundanleitung beschrieben backen.

2 Etwas pinke Lebensmittelfarbe mit klarem Alkohol verrühren, sodass eine wässrige Farbe entsteht. Die Hälfte der Macarons mit einem breiten Pinsel bemalen. Je weniger Farbe man mit dem Pinsel aufnimmt, desto besser lässt sich ein streifiges Gefieder aufmalen. Mit einem feinen Pinsel und weißer Lebensmittelfarbe kleine weiße Striche auf die pinken Striche malen.

3 Den Fondant rosa einfärben und für die Köpfe zwanzig 1 cm große Kugeln formen. Diese zwischen den Händen zu einer 5 cm langen Rolle formen und in Form einer 2 trocknen lassen. Mit einem feinen Pinsel und schwarzer Farbe einen Schnabel und ein Auge aufmalen.

4 Für die Beine vierzig erbsengroße Kugeln formen. Jede Kugel zwischen den Händen zu einer etwa 6 cm langen Rolle formen. Für Flamingos, die auf beiden Beinen stehen, bei beiden Beinen ein kleines Stück abknicken, sodass Füße entstehen. Flamingos, die auf einem Bein stehen, benötigen ein gerades Bein mit Fuß und ein eingeknicktes Bein. Beide Beine übereinanderlegen und so trocknen lassen.

5 Die Schokoladencreme zubereiten. Unter die abgekühlte weiße Schokoladencreme 1 TL Rosenwasser geben und mit dem Schneebesen noch einmal aufschlagen. Etwas Creme auf die unbemalten Macaronschalen geben, Kopf und Beine in die Creme stecken und mit einer bemalten Schale bedecken.

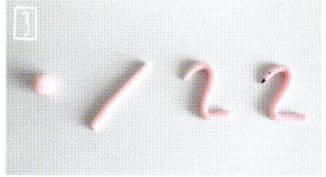

Meerestiere-Macarons

KLEINE UNTERWASSERWELT

ZUTATEN

MACARONS
Macarons-Grundteig
Lebensmittelfarbe in Blau

DEKORATION
50 g Fondant
Lebensmittelfarbe in Rot
Zuckerkleber

FÜLLUNG
weiße Schokoladencreme
2 TL Kokosnusssirup

ZUSÄTZLICH
Silikonform für Meeres-
tiere

1 Den Teig für die Macarons zubereiten und mit Lebensmittelfarbe blau einfärben. Die Macarons wie im Grundrezept beschrieben backen.

2 Fondant mit roter Lebensmittelfarbe einfärben und in die Vertiefungen der Silikonform drücken. Den Fondant antrocknen lassen. Besonders schnell geht das, wenn man die Form für 1 Minute ins Eisfach stellt. Dann den überschüssigen Fondant mit einem scharfen Messer abschneiden und die Form noch einmal ins Eisfach stellen. Anschließend die Meerestiere aus der Form lösen und mit Zuckerkleber auf eine Hälfte der Macaronschalen kleben.

3 Die Schokoladencreme zubereiten. Den Kokosnusssirup unter die weiße Schokoladencreme rühren und die Macarons damit füllen und fertigstellen.

Pfirsiche

FRUCHTIGE HINGUCKER

ZUTATEN

MACARONS
Macarons-Grundteig
Lebensmittelfarbe in Orange

DEKORATION
Lebensmittelfarbe in Gelb,
Rot und Grün
2 TL klarer Alkohol
(z. B. Wodka)
20 g Fondant
Schokoladenstreusel

FÜLLUNG
Buttercreme
1 EL Pfirsichmarmelade

ZUSÄTZLICH
Pinsel
Blattausstecher

1 Den Teig für die Macarons wie auf der Umschlagklappe beschrieben zubereiten und mit der orangenen Lebensmittelfarbe einfärben. Die Macarons wie im Grundrezept beschrieben fertig backen.

2 Rote und gelbe Lebensmittelfarbe jeweils mit 1 TL klarem Alkohol verrühren, sodass eine wässrige Farbe entsteht. Zunächst mit roter Farbe Flecken auf eine Hälfte der Macaronschalen malen. Diese dann mit gelber Farbe übermalen, sodass ein natürlicher Farbverlauf entsteht.

3 Den Fondant mit grüner Lebensmittelfarbe einfärben und dünn ausrollen. Mithilfe eines Ausstechers zwanzig Blätter ausstechen.

4 Für die Füllung die Buttercreme wie auf der Umschlagklappe beschrieben herstellen und mit der Pfirsichmarmelade verrühren. Etwas dieser Creme auf die nicht bemalten Macaronschalen geben und eine bemalte Schale darauf geben. Nun von außen ein Blatt und einen Schokostreusel als Stiel in die Füllung stecken.

TIPP

JE NACH FARBWAHL KÖNNEN SIE SO AUCH KLEINE ÄPFEL MACHEN. HIERFÜR DIE PFIRSICHMARMELADE IN DER FÜLLUNG DURCH APFELGELEE ERSETZEN.

Monster-Macarons

SÜßE KEKSLIEBHABER

ZUTATEN

MACARONS
Macarons-Grundteig
Lebensmittelfarbe in Blau

DEKORATION
30 g Kokosraspel
Lebensmittelfarbe in Blau
30 g Fondant
Lebensmittelfarbe in
Schwarz zum Bemalen
kleine Kekse
Zuckerkleber

FÜLLUNG
Vollmilchschokoladen-
creme

ZUSÄTZLICH
Pinsel

1 Den Teig für die Macarons wie auf der Umschlagklappe beschrieben zubereiten und mit Lebensmittelfarbe blau einfärben. Die Macarons wie im Grundrezept beschrieben backen.

2 Kokosraspel mit etwas blauer Farbe in einer kleinen
Schüssel verrühren. Dabei so viel Farbe verwenden, bis
die Kokosraspel einen schönen Farbton annehmen.

3 Für die Augen den Fondant dünn ausrollen und
mit einem kleinen Ausstecher (oder der Spitze einer
Spritztülle) vierzig 5 mm große Kreise ausstechen. Auf
jeden dieser Kreise einen schwarzen Punkt als Pupille
aufmalen.

4 Die Hälfte der Macaronschalen mit Zuckerkleber be-
streichen und anschließend sofort mit den gefärbten
Kokosraspeln bestreuen. Auf jede dieser Schalen zwei
Augen kleben.

5 Die Füllung wie auf der Umschlagklappe beschrieben
zubereiten. Auf die nicht dekorierten Macaronschalen
etwas Vollmilchschokoladencreme geben, einen kleinen Keks in die Creme drücken und eine dekorierte
Macaronschale daraufsetzen.

Herzen

kleine Liebesboten

Zutaten

Macarons
Macarons-Grundteig
Lebensmittelfarbe in Pink

Füllung
1 Portion Buttercreme
1 EL Himbeermarmelade

Vorlage Seite 46

1 Den Teig für die Macarons wie auf der Umschlagklappe beschrieben zubereiten und mit der pinken Lebensmittelfarbe einfärben. Mithilfe der Vorlage Herzen auf das Backpapier zeichnen und so herzförmige Macarons auf das Blech spritzen. Die Macarons wie im Grundrezept beschrieben fertig backen.

2 Die Creme wie auf der Umschlagklappe beschrieben herstellen. Buttercreme und Himbeermarmelade verrühren und die Macarons damit füllen.

TIPP

Wer noch einfacher gleichmäßige Herzmacarons backen möchte, kann eine Macaronbackmatte mit herzförmigen Vertiefungen verwenden. Diese gibt es im Fachhandel oder im Internet zu kaufen.

Anker-Macarons

ZUM FESTHALTEN

ZUTATEN

MACARONS
Macarons-Grundteig
Lebensmittelfarbe in Blau

DEKORATION
Lebensmittelfarbe in Weiß
zum Bemalen

FÜLLUNG
Zartbitterschokoladen-
creme

ZUSÄTZLICH
Pinsel

1 Den Teig für die Macarons wie auf der Um-schlagklappe beschrieben zubereiten und mit Lebensmittelfarbe blau einfärben. Die Macarons wie im Grundrezept beschrieben fertig backen.

2 Auf eine Hälfte der Macarons mit einem feinen Pinsel und weißer Lebensmittelfarbe Anker malen.

3 Die Creme wie auf der Umschlagklappe be-schrieben herstellen und die Macarons damit füllen.

TIPP

SIE KÖNNEN SO AUCH ANDERE BOT-
SCHAFTEN AUF IHRE MACARONS MALEN,
WIE Z.B. EIN HERZ. PASSEN SIE DANN
AUCH DIE FARBE DER MACARONS AN.

Schmetterlinge

FLATTERLEICHT

1 Eiweiß steif schlagen und den Zucker einrieseln lassen. Den Eischnee in zwei Portionen zu jeweils ungefähr 20 g teilen. Eine Hälfte mit Lebensmittelfarbe in Rot einfärben und die Hälfte der Mandel-Puderzucker-Mischung (etwa 52 g) vorsichtig unterheben.

2 Den Teig in einen Spritzbeutel mit kleiner Lochtülle füllen. Die andere Hälfte des Eiweiß gelb einfärben und genauso verfahren.

3 Mithilfe der Vorlage Schmetterlinge auf das Backpapier zeichnen. Zunächst mit einer der beiden Farben den Körper aufspritzen, dann mit der anderen Farbe die Flügel auf die Vorlage spritzen. So können Schmetterlinge in zwei verschiedenen Farben hergestellt werden. Die Macarons wie im Grundrezept beschrieben fertig backen.

4 Stellen Sie die Buttercreme wie auf der Umschlagklappe beschrieben her. Die Buttercreme und die Himbeermarmelade verrühren und die Macarons damit füllen.

Schnecken

GARANTIERT NICHT GEFRÄSSIG

Zutaten

Macarons
Macarons-Grundteig
Lebensmittelfarbe in Orange

Dekoration
150 g Fondant
40 cm Basteldraht
Lebensmittelfarbe in Schwarz zum Bemalen

Füllung
weiße Schokoladencreme
½ TL getrocknete Lavendelblüten

zusätzlich
Pinsel

1 Den Teig für die Macarons wie auf der Umschlagklappe beschrieben zubereiten und mit der orangen Lebensmittelfarbe einfärben. Die Macarons wie im Grundrezept beschrieben backen.

2 Für die Lavendelcreme die Sahne mit den Lavendelblüten aufkochen, durch ein Sieb geben und die Lavendelsahne über die weiße Schokolade gießen. Die Schokoladencreme abkühlen lassen und aufschlagen.

3 Aus dem Fondant zwanzig ca. 2,5 cm große Kugeln formen. Jede dieser Kugeln zu einer etwa 6 cm langen Rolle formen. Ein Ende spitz zulaufen lassen, am anderen Ende eine etwa 1 cm dicke Kugel als Kopf formen. Den Kopf nach oben biegen und mit einem scharfen Messer leicht einschneiden, damit ein Mund entsteht. Den unteren Teil des Schneckenkörpers leicht platt drücken, sodass der Körper aufrecht stehen kann.

4 Aus dem Rest des Fondants vierzig 2–3 mm große Kugeln als Augen formen. Den Basteldraht in 1 cm lange Stücke schneiden und die Augen mithilfe des Drahts in die Schneckenkörper stecken. Auf jedes Auge mit schwarzer Farbe eine kleine Pupille malen.

5 Die Macarons mit der Lavendelcreme füllen, dabei etwas Creme übrig lassen. Auf jeden Schneckenkörper ein kleines bisschen Creme geben und die gefüllten Macarons mit der Creme auf die Schneckenkörper in die Creme setzen.

ACHTUNG

DEN DRAHT IN DEN SCHNECKEN-
KÖRPERN NICHT MITESSEN.

Ananas-Macarons

süße Südseefrüchte

1 Den Teig für die Macarons wie auf der Umschlagklappe beschrieben zubereiten und mit gelber Lebensmittelfarbe einfärben. Dann die Macarons wie im Grundrezept beschrieben backen.

2 Den Fondant mit grüner Lebensmittelfarbe einfärben und dünn ausrollen. Mithilfe der Vorlage und einem Messer Blätter aus dem Fondant ausschneiden. Die Blätter werden stabiler, wenn sie einige Stunden an der Luft trocknen können.

3 Auf die Hälfte der fertigen Macarons mithilfe eines Pinsels und schwarzer Lebensmittelfarbe ein Rautenmuster malen.

4 Die Buttercreme mit Ananasmarmelade verrühren und die Macarons damit füllen. Die Fondantblätter von außen in die Creme stecken.

Bären-Macarons

NIEDLICHE WEGBEGLEITER

1 Den Teig für die Macarons zubereiten, dabei 1 TL Kakaopulver zu den gemahlenen Mandeln geben. Mithilfe der Vorlage zwanzig Bären und zwanzig Kreise auf das Backpapier zeichnen und den Teig in dieser Form aufspritzen. Die Macarons fertig backen.

2 Den Fondant mit brauner Farbe beige einfärben und dünn ausrollen. Mit einem kleinen Ausstecher (oder der Spitze einer Spritztülle) zwanzig 1 cm große Kreise und zwanzig 0,5 cm große Kreise ausstechen. Die großen Kreise mit den Fingern eventuell zu einem Oval formen und mit Zuckerkleber mittig auf die Bärenmacarons kleben. Die kleinen Kreise mit einem scharfen Messer halbieren und als Ohren ebenfalls festkleben. Mit einem feinen Pinsel und schwarzer Farbe Augen und eine Schnauze aufmalen.

3 Die Buttercreme mit Nussnugatcreme verrühren, etwas von dieser Creme auf die runden Macarons geben und mit einer verzierten Macaronschale bedecken.

4 Für die Schleifen die Mulden der Silikonform mit Fondant ausfüllen und antrocknen lassen. Das geht besonders schnell, wenn man die Form für 1 Minute ins Eisfach stellt. Dann den überstehenden Fondant mit einem scharfen Messer abschneiden und die Form noch einmal kalt stellen. Anschließend die Schleifen aus der Form lösen und mit Zuckerkleber auf den Bären anbringen.

Geschenk–Macarons

EIN GANZ BESONDERES PRÄSENT

ZUTATEN

MACARONS
Macarons-Grundteig
Lebensmittelfarbe nach Wahl

DEKORATION
100 g Fondant
Zuckerkleber

FÜLLUNG
Zartbitterschokoladencreme
Abrieb einer halben Bio-Orange

ZUSÄTZLICH
Silikonform für die Schleifen

VORLAGE SEITE 47

1 Den Teig für die Macarons zubereiten und mit Lebensmittelfarbe einfärben. Mithilfe der Vorlage Quadrate auf das Backpapier zeichnen und so viereckige Macarons auf das Blech spritzen. Die Macarons backen.

2 Für die Schleifen kleine Portionen des Fondants in die Vertiefungen der Silikonform drücken. Den Fondant antrocknen lassen. Besonders schnell geht das, wenn man die Form für 1 Minute ins Eisfach stellt. Dann den überschüssigen Fondant mit einem scharfen Messer abschneiden und die Form noch einmal ins Eisfach stellen. Anschließend die Schleifen aus der Form lösen. Zwanzig Schleifen herstellen.

3 Den restlichen Fondant dünn ausrollen und mit einem scharfen Messer vierzig 6 cm lange und 3–5 mm breite Streifen zurechtschneiden.

4 Die Hälfte der Macaronschalen mit den Fondantbändern und Schleifen, wie auf dem Bild zusehen, dekorieren.

5 Die Zartbitterschokoladencreme zubereiten und mit Orangenschale aufschlagen. Dann die Macarons damit füllen.

Pinguine

ZUCKERSÜßE WINTERFREUNDE

1 Den Teig für die Macarons zubereiten und mit Lebensmittelfarbe schwarz einfärben. Die Vorlage auf das Backpapier abpausen und Ovale auf das Backpapier spritzen.
Die Macarons fertig backen.

2 Die Vollmilchschokoladencreme zubereiten. Dabei die
Sahne mit der Minze erhitzen und die Minzeblätter nach
dem Erhitzen entfernen.

3 Einen kleinen Teil des Fondants mit gelber Lebensmittelfarbe einfärben. Dünn ausrollen und mit einem Messer
zwanzig kleine Dreiecke (Kantenlänge 3 mm) als Schnäbel
ausschneiden. Den Rest zu vierzig ca. 3 mm große Kugeln
formen. Diese platt drücken und mit einem scharfen Messer pro Kugel drei Zacken als Zehen in den Kreis schneiden.

4 Für die Bäuche der Pinguine zwanzig etwa 1 cm große
Kugeln aus weißem Fondant formen. Jede Kugel flach
drücken und dabei ein Oval formen. Füße und Schnabel
mit etwas Zuckerkleber auf dem Bauch festkleben und die
Bäuche auf die Hälfte der Macaronschalen kleben. Für die
Augen weißen Fondant dünn ausrollen und vierzig 5 mm
große Kreise ausstechen (z. B. mit der Spitze einer Lochtülle). Diese mit Zuckerkleber auf den Macarons befestigen
und mit einem Pinsel und schwarzer Farbe kleine Pupillen
aufmalen.

5 Die Macarons mit der Creme füllen und zusammensetzen.

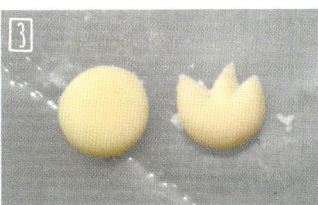
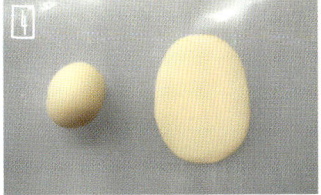

Schneemänner

Lustig-süße Wintergesellen

Zutaten

Macarons
Macarons-Grundteig

Dekoration
Lebensmittelfarbe in
Schwarz und Orange

20 g Fondant

Füllung
Vollmilchschokoladen-
creme

1 Msp Lebkuchengewürz

Zusätzlich
Pinsel

Vorlage Sfitf 47

1 Den Teig für die Macarons wie auf der Umschlagklappe beschrieben zubereiten. Für dieses Motiv muss
der Teig nicht eingefärbt werden. Mithilfe der Vorlage
Schneemänner auf das Backpapier zeichnen. Überein-
ander zwei Kreise auf die Vorlage spritzen, sodass die
Form eines Schneemanns entsteht. Die Macarons wie
im Grundrezept beschrieben fertig backen.

2 Den Fondant orange färben und zwanzig erbsengroße
Kugeln formen. Jede Kugel zu einem Kegel formen. Die
so entstandenen Nasen mit etwas Zuckerkleber auf den
Schneemännern befestigen. Mit einem feinen Pinsel und
schwarzer Farbe Augen, einen Mund und Knöpfe auf
die Schneemänner malen.

3 Die Vollmilchschokoladencreme wie auf der Umschlagklappe beschrieben herstellen, mit Lebkuchengewürz verrühren und die Macarons damit füllen.

Schneeflocken-Macarons

LEICHTER WINTERGENUSS

ZUTATEN

MACARONS

Macarons-Grundteig
Lebensmittelfarbe in Blau

DEKORATION

100 g Puderzucker

FÜLLUNG

Buttercreme
1 Msp Zimt

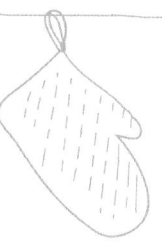

1 Den Teig für die Macarons wie auf der Umschlag-klappe beschrieben zubereiten und mit Lebensmittel-farbe blau einfärben. Danach die Macarons auf das Backpapier spritzen und wie im Grundrezept beschrie-ben fertig backen.

2 Aus 100 g Puderzucker und 1–2 TL Wasser einen zähen Zuckerguss herstellen. Dabei mit wenig Wasser anfangen und nach Bedarf noch mehr dazugeben.

3 Den Zuckerguss in einen Spritzbeutel füllen. Die Spit-ze sehr knapp abschneiden, sodass eine etwa 2 mm große Spritzöffnung entsteht. Nun auf die Hälfte der Macaronschalen Schneeflocken malen.

4 Die Buttercreme wie auf der Umschlagklappe be-schrieben zubereiten und mit Zimt verrühren. Danach die Macarons damit füllen.

Vorlagen

AUF BACKPAPIER ÜBERTRAGEN

Die Vorlagen mit einem dicken schwarzen Stift auf das Backpapier abpausen. Dabei genügend Abstand lassen, da die Macarons nach dem Aufspritzen noch etwas zerfließen. Das Backpapier mit der bemalten Seite nach unten auf das Blech legen, damit der Teig nicht mit der Farbe des Stiftes in Berührung kommt.

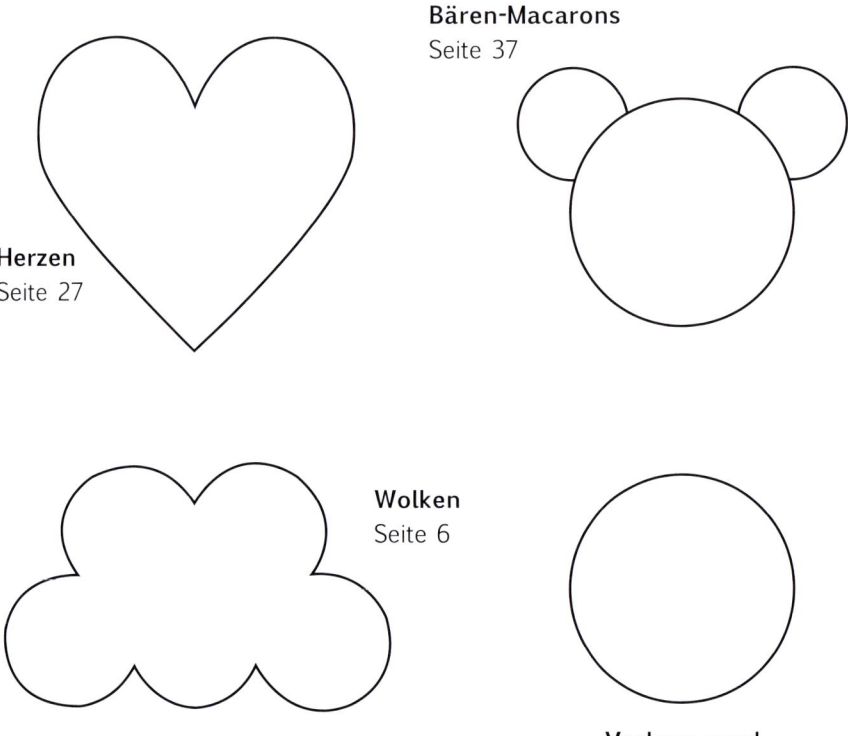

Bären-Macarons
Seite 37

Herzen
Seite 27

Wolken
Seite 6

Vorlage rund

Vorlage oval

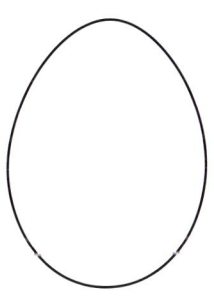

Eis-Macarons
Seite 17

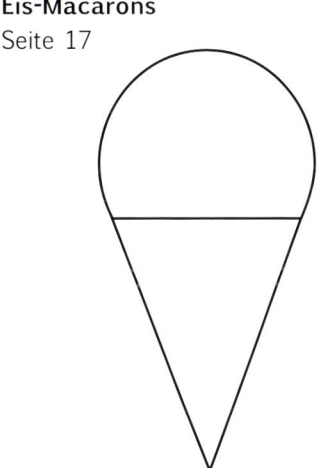

Schneemänner
Seite 42

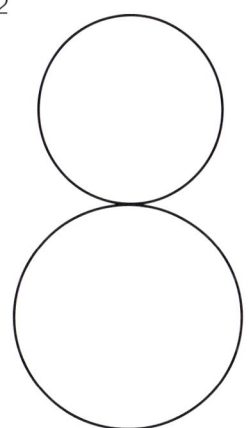

Schmetterlinge
Seite 31

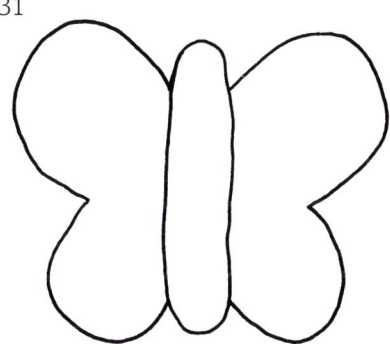

Geschenk-Macarons
Seite 38

Ananas-Macarons
Seite 34

Danke!

An dieser Stelle möchte ich mich bei Jasmin Sahm, die in Esslingen am Neckar den wunderschönen Laden Bake a Wish (www.bake-a-wish.de) betreibt, bedanken. Durch die Tortenstammtische und Backkurse, die sie regelmäßig in ihrem Laden veranstaltet, hat sie mir immer wieder neue Ideen und wertvolle Tipps gegeben. Ohne sie und ihren tollen Laden wäre dieses Buch gar nicht möglich gewesen. Vielen lieben Dank dafür!

Autorin

Die Liebe zum Backen habe ich von meiner Oma geerbt. Genau wie sie könnte ich den ganzen Tag von Kuchen und anderen süßen Leckereien leben. Da es selbst gebacken immer am besten schmeckt, habe ich schon als Kind angefangen, die verschiedensten Köstlichkeiten herzustellen und immer wieder neu zu interpretieren.
Seit meinem Auslandssemester in Südfrankreich bin ich der französischen Pâtisserie verfallen und liebe es, in Form von Brioche, Éclairs, Tartelettes und Macarons ein bisschen Frankreich in meine Küche zu holen.
Backen ist ein Hobby, mit dem man auch anderen Menschen eine Freude machen kann. Daher teile ich nicht nur gerne mein Gebäck mit Freunden und Verwandten, sondern auch viele Rezepte auf meinem Blog c'est du gâteau: www.cdgateau.wordpress.com

Impressum

FOTOS: frechverlag GmbH, 70499 Stuttgart; lichtpunkt, Michael Ruder, Stuttgart
ILLUSTRATIONEN: Creative Market (WINS Doodle Shop: Dmitry Venevtsev; RuleByArt)
PRODUKTMANAGEMENT: Madeleine Fritz
LEKTORAT: Susanne Dubbers, Madeleine Fritz
LAYOUTENTWICKLUNG: Eva Grimme
SATZ: Eva Grimme
DRUCK UND BINDUNG: Drukarnia Dimograf Sp.zo.o./Polen

1. Auflage 2016
© 2016 frechverlag GmbH, Turbinenstraße 7, 70499 Stuttgart

ISBN 978-3-7724-8016-4
Best.-Nr. 8016